Explora las cadenas alimentarias y las redes tróficas

LAS CADENAS ALIMENTARIAS EN
EL BOSQUE

Katie Kawa

Traducido por Esther Sarfatti

PowerKiDS press.

New York

Published in 2015 by The Rosen Publishing Group, Inc.
29 East 21st Street, New York, NY 10010

First Edition

Editor: Katie Kawa
Book Design: Reann Nye
Spanish Translation: Esther Sarfatti

Photo Credits: Cover Prohel Prohel/Picture Press/Getty Images; p. 5 (background) Skylines/Shutterstock.com; pp. 5, 13 (grass) Elenamiv/Shutterstock.com; pp. 5, 21 (bobcat) Alex Egorov/Shutterstock.com; pp. 5, 21 (deer) Tom Reichner/Shutterstock.com; p. 6 Pavel Szabo/Shutterstock.com; p. 7 Maxim Tupikov/Shutterstock.com; p. 8 Triff/Shutterstock.com; p. 9 Calin Tatu/Shutterstock.com; p. 10 Dr Ajay Kumar Singh/Shutterstock.com; p. 11 Mykhaylo Palinchak/Shutterstock.com; p. 13 (forest) Nikita Tiunov/Shutterstock.com; pp. 13, 21 (owl) Xiebiyun/Shutterstock.com; pp. 13, 21 (weasel) Menno Schaefer/Shutterstock.com; pp. 13, 21 (rabbit) Nigel Dowsett/Shutterstock.com; p. 15 Critterbiz/Shutterstock.com; p. 16 Karl Weatherly/Photodisc/Getty Images; p. 17 jennyt/Shutterstock.com; pp. 18, 21 (mushrooms) Nemeziya/Shutterstock.com; p. 19 Wilfried Krecichwost/Photographer's Choice RF/Getty Images; p. 21 (coyote) Derek R. Audette/Shutterstock.com; p. 21 (grasshopper) Paul Reeves Photography/Shutterstock.com; p. 21 (bear) loflo69/Shutterstock.com; p. 21 (berries) FotograFFF/Shutterstock.com; p. 21 (forest) Grischa Georgiew/Shutterstock.com; p. 22 Hurst Photo/Shutterstock.com.

Library of Congress Cataloging-in-Publication Data

Kawa, Katie. author.
Las cadenas alimentarias en el bosque / Katie Kawa, translated by Esther Sarfatti.
    pages cm. — (Explora las cadenas alimentarias y las redes tróficas)
  Includes index.
ISBN 978-1-4777-5974-5 (pbk.)
ISBN 978-1-4777-5975-2 (6 pack)
ISBN 978-1-4777-5973-8 (library binding)
1. Forest ecology—Juvenile literature. 2. Food chains (Ecology)—Juvenile literature. I. Title.
QH541.5.F6K39 2015
577.3—dc23

Manufactured in the United States of America

CPSIA Compliance Information: Batch #CW15PK: For Further Information contact Rosen Publishing, New York, New York at 1-800-237-9932

CONTENIDO

UNA RED DE ENERGÍA

Todos los seres vivos necesitan **energía** para vivir y crecer. Se forma una cadena alimentaria cuando la energía pasa de un ser vivo a otro. Una red trófica es un sistema de cadenas alimentarias interconectadas.

Un buen lugar para explorar las cadenas alimentarias y las redes tróficas es un bosque caducifolio. Así se llaman los bosques cuyos árboles pierden sus hojas en invierno. Las plantas de un bosque reciben su energía del sol y de los **nutrientes** que encuentran en la tierra. Cuando un animal se come una planta, la energía de la planta pasa al animal a través de la cadena alimentaria. Todos los seres vivos del bosque dependen de otros seres vivos.

Es un hecho

La gente también forma parte de las cadenas alimentarias. Nosotros también comemos plantas y animales.

CIERVO

HIERBA

GATO MONTÉS

Esta cadena muestra cómo pasa la energía entre plantas y animales en un bosque caducifolio.

LA VIDA EN EL BOSQUE

Un **hábitat** de bosque caducifolio se puede separar en **zonas**. La primera zona es la de más arriba, y en ella están los árboles más altos del bosque. En la segunda zona se encuentran los árboles más pequeños y jóvenes. Debajo de la segunda zona está la zona de los arbustos y, a continuación, la zona **herbácea**. En estas zonas se encuentran plantas más bajas.

La última zona se conoce como la zona del suelo, donde hay musgos y hierbas. También hay seres vivos que habitan bajo tierra. Los **insectos** y otros animales viven en esta zona, donde además están las raíces de las plantas.

Es un hecho

Las raíces de los árboles pueden meterse muy hondo en la tierra en busca de nutrientes y agua.

El agua, la luz del sol y el aire también son partes importantes de un hábitat de bosque. Todos son necesarios para la supervivencia de los seres vivos.

DE LA LUZ SOLAR A LOS ALIMENTOS

Las plantas del bosque se conocen como productoras, ya que producen su propio alimento. Para ello, utilizan la energía del sol a través de un proceso llamado fotosíntesis. Durante la fotosíntesis, las hojas de las plantas reciben energía del sol. Las plantas utilizan esta energía para convertir el agua y el **dióxido de carbono** en un tipo de azúcar que les sirve de alimento.

Las plantas reciben su energía del sol, y luego los animales obtienen energía de las plantas y de otros animales. Los animales no pueden producir su propio alimento como lo hacen las plantas. Por eso, las plantas son el primer **eslabón** en la cadena alimentaria del bosque.

Las plantas tienen **células** especiales que los animales no poseen. Estas células les permiten convertir la energía solar en alimento.

Es un hecho

Durante la fotosíntesis, las plantas también producen oxígeno, que es un gas en el aire que los animales necesitan para sobrevivir.

HERBÍVOROS HAMBRIENTOS

Los herbívoros son animales que solo comen plantas. Son el segundo eslabón en la cadena alimentaria de un bosque. Algunos de los animales más comunes del bosque son herbívoros. Los ciervos comen las hojas de muchas plantas del bosque. También comen hierbas, semillas y frutas. Los conejos normalmente comen hierbas. Muchos insectos que viven en el bosque también son herbívoros, entre ellos las mariposas y los saltamontes.

Las plantas ayudan a los herbívoros porque les dan energía. Los herbívoros también ayudan a las plantas. A menudo esparcen semillas al caminar por el bosque. De estas semillas crecen nuevas plantas.

Es un hecho

A los ciervos les gusta comer brotes, que son plantas recién nacidas.

Los ciervos utilizan las plantas del bosque como alimento. También se sirven de las plantas para esconderse de sus **depredadores**.

11

¿QUÉ ES UN CARNÍVORO?

Los animales que ocupan el tercer eslabón en la cadena alimentaria de un bosque son los carnívoros. Estos animales comen a otros animales. Los carnívoros comen herbívoros, ¡pero algunos también se alimentan de otros carnívoros! Los búhos y las comadrejas son carnívoros que viven en el bosque. Las comadrejas comen conejos, que son herbívoros, y los búhos se comen a las comadrejas. La cadena alimentaria de estos animales tendría cuatro eslabones.

Los carnívoros ayudan a impedir que la población de herbívoros crezca demasiado. Sin carnívoros, el bosque no sería capaz de mantener tantos animales herbívoros. No habría suficientes plantas para alimentarlos.

Es un hecho

Algunos carnívoros, como los pájaros carpinteros, solo comen insectos. A estos animales se les llama insectívoros.

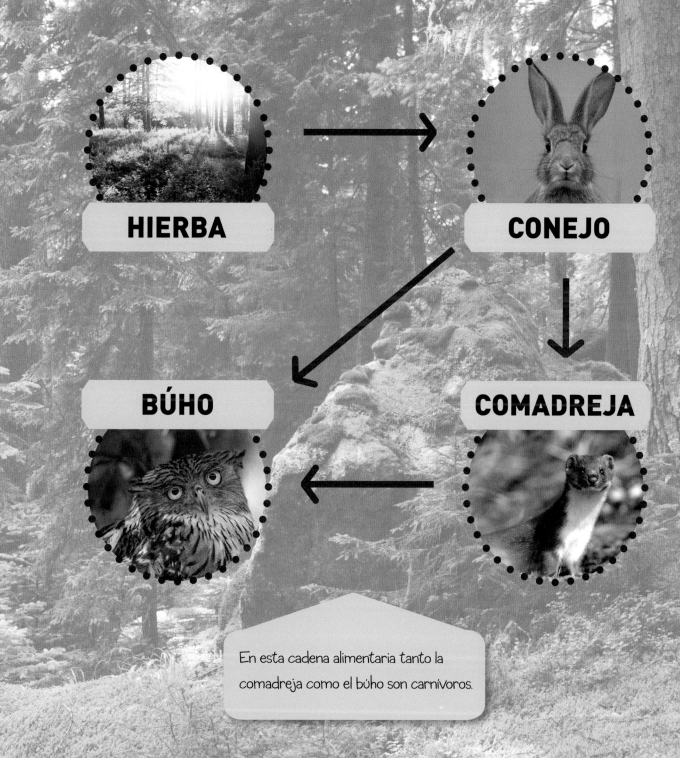

HIERBA

CONEJO

BÚHO

COMADREJA

En esta cadena alimentaria tanto la comadreja como el búho son carnívoros.

DEPREDADORES Y PRESAS

Los herbívoros no tienen que cazar las plantas que comen. Sin embargo, la mayoría de los carnívoros deben perseguir y atrapar sus presas para alimentarse. Los animales que cazan a otros para alimentarse se llaman depredadores. Los animales que son cazados se conocen como presas.

Los carnívoros se han ido **adaptando** para cazar mejor a sus presas. Muchos carnívoros, como los zorros y las comadrejas, tienen fuertes mandíbulas para agarrar sus presas y filosos colmillos para desgarrar su carne. Los búhos tienen garras que los ayudan de la misma manera. Los herbívoros también se adaptan a su papel como presas. El pelaje de los cervatillos y de las ardillas listadas les ayuda a esconderse de sus depredadores en el bosque.

Es un hecho

Algunos herbívoros, como los conejos, tienen las orejas largas para poder oír mejor si se acerca un depredador.

Los coyotes son depredadores que cazan diferentes tipos de presas.

15

UN POCO DE TODO

Algunos animales comen tanto plantas como animales. A estos se les llama omnívoros. Los humanos somos un buen ejemplo de omnívoros. En el bosque, los osos negros comen una **variedad** de plantas y animales que incluye raíces, bayas y peces.

Las frutas, las bayas, los ratones, las ranas y los conejos son algunos de los alimentos preferidos del coyote.

Los coyotes también son omnívoros y comen lo que puedan cazar. Si no logran cazar nada, se comen lo que encuentren, ¡aunque sea basura o animales muertos! Los carroñeros son animales que comen otros animales muertos. Aprovechan la energía y los nutrientes que obtienen de los animales muertos. Las zarigüeyas y los cuervos son animales carroñeros.

Es un hecho

¡Muchas veces los carroñeros buscan comida en los cubos de basura!

¡VAMOS A DESCOMPONER!

El suelo del bosque alberga una variedad de seres, tanto vivos como muertos. Todos los componentes de una cadena alimentaria de un bosque acaban convirtiéndose en parte del suelo. Cuando los seres vivos mueren, se descomponen y aportan nutrientes al suelo.

Los pequeños insectos, las setas y los gusanos que viven en el suelo ayudan a descomponer los animales muertos y las plantas que han caído al suelo. A los seres vivos que hacen esto se les llama descomponedores. Cuando descomponen las plantas y animales muertos, enriquecen la tierra. Así las raíces de las plantas pueden utilizar estos nutrientes para crecer.

Es un hecho

Los descomponedores
son el eslabón final de
una cadena alimentaria.

Los descomponedores, como estas setas, hacen
que la cadena alimentaria se convierta en un círculo.
Ayudan a que crezcan nuevas plantas, ¡y así comienza
la cadena alimentaria de nuevo!

19

UNA RED TRÓFICA EN EL BOSQUE

Los seres vivos suelen pertenecer a más de una cadena alimentaria. Las redes tróficas muestran cómo se conectan las distintas cadenas. Las flechas muestran el flujo de energía de un ser vivo a otro. Los colores usados en esta red muestran los distintos tipos de seres vivos de un bosque. Después de que estos seres vivos se mueren, los descomponedores, que aparecen en la esquina izquierda de la red, descomponen todos sus cuerpos.

Clave de cadenas alimentarias

- carnívoro
- descomponedor
- herbívoro
- omnívoro
- productor

Es un hecho

Las hojas y las bayas en el centro de esta red trófica obtienen la energía del sol.

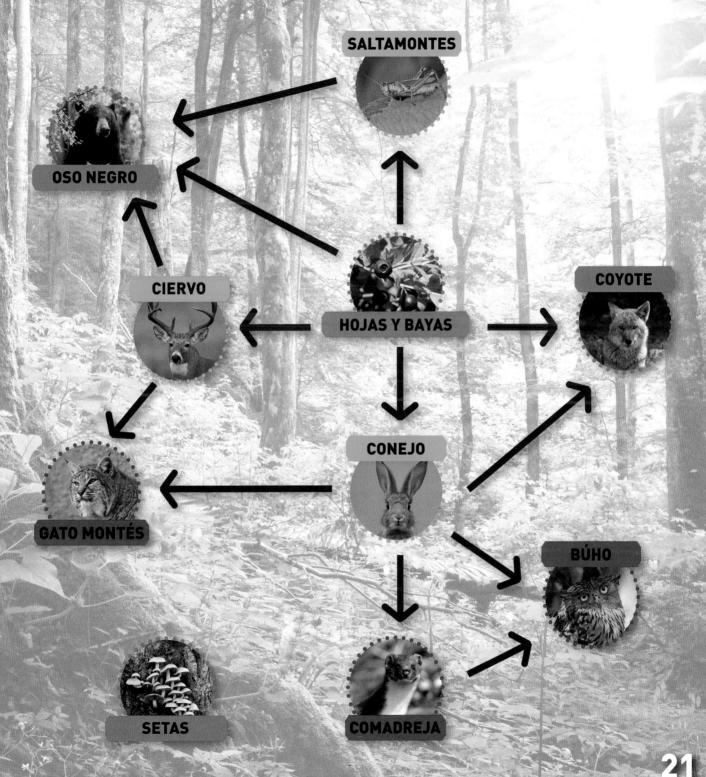

SALTAMONTES

OSO NEGRO

CIERVO

HOJAS Y BAYAS

COYOTE

CONEJO

GATO MONTÉS

BÚHO

SETAS

COMADREJA

21

TODO ESTÁ CONECTADO

Todos los componentes de una red trófica de un bosque se necesitan el uno al otro. Las personas también juegan un papel importante en las cadenas alimentarias y las redes tróficas: dependen de los animales y de las plantas para alimentarse. También usan el bosque para obtener materiales para construir casas. Nuestras acciones afectan a todos los otros seres vivos que dependen del bosque.

Si queremos contribuir a mantener los bosques, no debemos desperdiciar papel, que se elabora de los árboles. Este pequeño paso puede ayudar a conservar los bosques para que continúen siendo por mucho tiempo hábitats seguros.

Es importante recordar que los humanos somos parte de la gran red de seres vivos del bosque.

Es un hecho

Los humanos podemos ayudar a mantener los hábitats de los bosques sanos, si nos ocupamos de que todo esté limpio antes de dar por finalizada nuestra visita al bosque.

GLOSARIO

adaptarse: Cambiar para ajustarse a nuevas circunstancias.

células: Unidades, generalmente microscópicas, de los seres vivos.

depredadores: Animales que cazan a otros para alimentarse.

dióxido de carbono: Un gas pesado incoloro que está en el aire y que utilizan las plantas durante la fotosíntesis.

energía: El poder o la habilidad de estar activo.

eslabón: Una pieza que conecta con otra.

hábitat: El hogar natural de las plantas, los animales y otros seres vivos.

herbácea: Plantas que son hierbas y se usan principalmente para la fabricación de medicamentos o como condimento.

insecto: Un animal pequeño que tiene un cuerpo dividido en tres partes, tres pares de patas y, por lo general, uno o dos pares de alas.

nutriente: Algo que consume una planta o un animal que lo ayuda a crecer y mantenerse sano.

variedad: Un número o colección de cosas diferentes.

zona: Un espacio que está separado de otros que tiene alrededor.

ÍNDICE

SITIOS DE INTERNET

Debido a que los enlaces de Internet cambian a menudo, PowerKids Press ha creado una lista de los sitios Internet que tratan sobre el tema de este libro. Este sitio se actualiza con regularidad. Por favor, usa este enlace para ver la lista: www.powerkidslinks.com/fcfw/ffc